AF357910

VENTE DU MERCREDI 6 MAI 1885

à trois heures précises

HÔTEL DROUOT, SALLE N° 1

TABLEAUX ET AQUARELLES

PAR

Wilhem de GEGERFELT

Mᵉ Léon TUAL, Commissaire-priseur.

M. BERNHEIM Jeune, Expert.

CATALOGUE

DE

TABLEAUX & AQUARELLES

PAR

WILHEM DE GEGERFELT

DONT LA VENTE AURA LIEU

HOTEL DROUOT, SALLE N° 1

Le Mercredi 6 Mai 1885

A 3 HEURES PRÉCISES

Par le ministère de Me **LÉON TUAL**, commissaire-priseur

39, rue de la Victoire, 39.

Assisté de **M. BERNHEIM Jeune**, expert

8, rue Laffitte, 8.

EXPOSITION PUBLIQUE

Le Mardi 5 Mai 1885

DE I HEURE I/2 A 5 HEURES I/2

Ce Catalogue se distribue à Paris :

Chez **Me LÉON TUAL**, commissaire-priseur,

39, rue de la Victoire, 39

Chez **M. BERNHEIM jeune**, expert,

8, rue Laffitte, 8.

CONDITIONS DE LA VENTE

Elle sera faite au comptant.

Les adjudicataires payeront *cinq pour cent* en sus des enchères.

Paris. — Imp. de l'Art, E. Ménard et J. Augry
41, rue de la Victoire.

DÉSIGNATION

1 — *Fondamenta delle Zattere (Venise).*

Haut., 33 cent.; larg., 40 cent.

2 — *Marché aux poissons à Murano (Venise).*

Haut., 38 cent.; larg., 55 cent.

3 — *Marée basse dans les Lagunes (Venise).*

Haut., 38 cent.; larg., 55 cent.

4 — *Soir d'hiver (Hollande).*

Haut., 39 cent.; larg., 67 cent.

5 — *Pêcheurs de moules près de Venise.*

Haut., 40 cent.; larg., 60 cent.

6 — *Matin d'hiver (Suède)*.

Haut., 40 cent.; larg., 60 cent.

7 — *Lever de lune à Murano (Venise)*.

Haut., 48 cent.; larg., 70 cent.

8 — *Abbazia San Gregorio, à Venise.*

Haut., 60 cent.; larg., 40 cent.

9 — *Près de Torcello (Venise).*

Haut., 35 cent.; larg., 27 cent.

10 — *Effet d'automne.*

Haut., 32 cent.; larg., 24 cent.

11 — *Torcello (Venise).*

Haut., 35 cent.; larg., 27 cent.

12 — *San Sebastiano, à Venise.*

Haut., 41 cent.; larg., 33 cent.

13 — *Près du Campo di Marte (Venise)*.

Haut., 38 cent.; larg., 56 cent.

14 — *Effet de neige dans les environs de Paris*.

Haut., 49 cent.; larg., 36 cent.

15 — *Marché aux légumes (Rialto, Venise)*.

Haut., 30 cent.; larg., 56 cent.

16 — *Soir d'été (Venise)*.

Haut., 48 cent.; larg., 70 cent.

17 — *Cabanes de pêcheurs (Suède)*.

Haut., 38 cent.; larg., 55 cent.

18 — *Soir de fête près de Venise*.

Haut., 67 cent.; larg., 95 cent.

19 — *Un Matin à Rialto (Venise)*.

Haut., 65 cent.; larg., 50 cent.

20 — *Sotto Portico a Chioggia (Venise).*

Haut., 54 cent.; larg., 65 cent.

21 — *Quai à San Pietro.*

Haut., 39 cent.; larg., 56 cent.

22 -- *Un Soir à Chioggia (Venise).*

Haut., 66 cent.; larg., 1 m. 15 cent.

23 -- *Sur la côte de Normandie.*

Haut., 88 cent.; larg., 1 m. 35 cent

24 — *Vue du port de Venise.*

Haut., 42 cent.; larg., 63 cent.

25 — *La Giudecca (Venise).*

Haut., 43 cent.; larg., 68 cent.

26 — *Près d'Assen ; effet de neige.*

Haut., 48 cent.; larg., 70 cent.

27 — *Un Vieux Moulin en Suède.*

Haut., 73 cent.; larg., 60 cent.

28 — *Le Quai de la Giudecca.*

Haut., 47 cent.; larg., 69 cent.

29 — *Clair de lune à Venise.*

Haut., 47 cent.; larg., 69 cent.

30 — *Dans les lagunes ; effet du soir.*

Haut., 57 cent.; larg., 86 cent.

31 — *Un Soir d'hiver en Suède.*

Haut., 55 cent.; larg., 86 cent.

32 — *Bateaux de pêcheurs près San Pietro.*

Haut., 52 cent.; larg., 80 cent.

33 — *Une Nuit en Suède.*

Haut., 55 cent.; larg., 86 cent.

34 — *Vue prise en Dalécarlie (Suède).*

> Haut., 55 cent.; larg., 86 cent.

35 — *Bateaux de pêche entrant dans le port de Venise.*

> Haut., 44 cent.; larg., 76 cent.

36 — *Lever de lune en Dalécarlie.*

> Haut., 67 cent.; larg., 94 cent.

37 — *Soleil couchant ; effet de neige.*

> Haut., 66 cent.; larg., 1 mètre.

38 — *L'Hiver en Suède.*

> Haut., 67 cent.; larg., 95 cent.

39 — *Venise, le soir.*

> Haut., 38 cent.; larg., 55 cent.

40 — *La Cour de l'Abbazia San Gregorio.*

> Haut., 39 cent.; larg., 60 cent.

41 — *Les Pêcheurs.*

Haut., 25 cent.; larg., 45 cent.

42 — *Le Grand Canal, à Venise.*

Haut., 45 cent.; larg., 30 cent.

43 — *Marchands de légumes à la Giudecca.*

Haut., 40 cent.; larg., 25 cent.

44 — *Chantier près Venise.*

Haut., 50 cent.; larg., 31 cent.

45 — *Murano (Venise).*

Haut., 57 cent.; larg., 46 cent.

46 — *Moulins en Hollande.*

Haut., 50 cent.; larg., 36 cent.

47 — *Murano.*

Haut., 26 cent.; larg., 40 cent.

48 — *Effet de neige.*

> Haut., 39 cent.; larg., 56 cent.

49 — *Marchands fripiers à Venise.*

> Haut., 29 cent.; larg., 21 cent.

50 — *Petits Moulins en Suède.*

> Haut., 35 cent.; larg., 26 cent.

51 — *La Sortie du port.*

> Haut., 36 cent.; larg., 27 cent.

52 — *Bateaux albanais sortant de Venise.*

> Haut., 40 cent.; larg., 26 cent.

53 — *Le Pêcheur.*

> Haut., 25 cent.; larg., 40 cent.

54 — *Fondamenta delle Zattere.*

> Haut., 41 cent.; larg., 34 cent.

55 — *Les Patineurs.*

> Haut., 60 cent.; larg., 51 cent.

56 — *Moulins en Hollande.*

> Haut., 24 cent.; larg., 35 cent.

57 — *Vue prise en Dalécarlie.*

Aquarelle.

58 — *Effet de neige.*

Aquarelle.

59 — *Un Matin d'hiver.*

Aquarelle.

60 — *Effet de neige ; soleil couchant.*

Aquarelle.

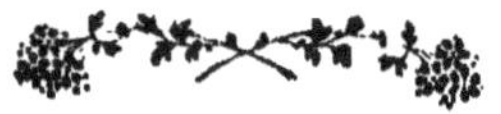

www.ingramcontent.com/pod-product-compliance
Lightning Source LLC
LaVergne TN
LVHW010858180726
843502LV00010B/3942